Medita con PETIT BAMBOU

Medita con PETIT BAMBOU

Ilustraciones de Marie Renaud

AGUILAR

Penguin
Random House
Grupo Editorial

Título original: *Méditer avec Petit Bambou*
Primera edición: enero de 2024

Redacción de Benjamin Blasco y Ludovic Dujardin.
Con la colaboración de Amélie Poggi

Printed in Spain – Impreso en España

ISBN: 978-84-03-52428-6
Depósito legal: B-17904-2023

Compuesto en Punktokomo, S. L.
Impreso en Gómez Aparicio, S. L.
Casarrubuelos (Madrid)

AG24286

ÍNDICE

INTRODUCCIÓN

La meditación es una práctica que ha cambiado la vida de millones de personas (incluida la mía). Permite adquirir un estado de consciencia de lo que estamos viviendo y sintiendo en el momento presente y, por tanto, ayuda a (re) conectar con nuestra vida, sin interpretaciones ni juicios.

Pero ¿cómo empezar? Practicando, estando dispuestos a dedicarnos unos minutos al día, centrando la atención en el momento presente. Por mi parte me gustaría acompañarte y simplificar el acceso a esta práctica, hacerla

menos dramática, y darte las claves para desarrollar el hábito de manera sencilla.

En estas páginas descubrirás analogías, alegorías o metáforas muy fáciles de recordar para que des tus primeros pasos en los principios básicos de la meditación.

Este libro no es una guía de viaje más, sino una invitación a ponerse en movimiento.

Inhala… exhala…

¡Comienza la aventura!

PETIT BAMBOU

«La meditación no es cuestión de palabras, sino de práctica. De nada sirve leer una y otra vez la carta de un restaurante; lo importante es sentarse a comer».

M. RICARD, *EL ARTE DE LA MEDITACIÓN**

«Estado de consciencia resultante de prestar atención con intención, en el momento presente, sin juzgar, a la experiencia que se desarrolla a cada momento».

JON KABAT-ZINN, 2003**

* © Urano (octubre, 2009)
** Jon Kabat-Zinn es el fundador del programa Mindfulness-Based Stress Reduction (MBSR), que se utiliza en hospitales y centros médicos de todo el mundo. Formado en el famoso Massachusetts Institute of Technology (MIT), fue el primero en proponer la meditación mindfulness como remedio en 1979.

1

EL CUERPO

Lo amas, lo adoras, tal vez lo odias, pero en el fondo tu cuerpo es la casa en la que vives, el lugar que te mantiene en la Tierra, la envoltura indispensable para vivir.

En la meditación, el cuerpo es esencial; es un compañero importante al que aprendemos a escuchar y a amar de nuevo, ayudándonos a redescubrir la alegría de estar vivos. Porque sucede con demasiada frecuencia que perdemos el contacto con el cuerpo y se vuelve casi abstracto. ¡Nuestra mente no está separada de nuestro cuerpo! Uno y otro conviven, inseparablemente.

Tu cuerpo será la base de tu práctica, una herramienta que te ayudará a meditar.

Es precisamente a través de la postura que uno se prepara para meditar y que medita.

Así que de ti depende que encuentres la postura correcta, una postura digna, relajada pero no especialmente cómoda, que te permita estar alerta y entrar en un estado meditativo.

Tu cuerpo te habla, así que escúchalo y cuídalo.

Pero no creas que te va a dejar en paz, que se mantendrá en silencio durante tu práctica.

Incluso puede estorbarte o hacerte sentir molestias (calambres, espasmos).

Es entonces cuando tienes que aprender a acoger tus sensaciones sin alterarte, con amabilidad, con distancia, para que puedas continuar con la práctica de la meditación.

EL MONTÍCULO N. M.

En la montaña, pila de piedras estables que resiste al viento de las cumbres y que, visible desde lejos, sirve para guiar la ruta de los caminantes.

Para meditar es preferible adoptar una postura estable que pueda resultar cómoda, pero que, sobre todo, permita que la mente permanezca despierta y atenta durante toda la meditación. Cuando nos sentamos con la espalda bien recta, el soporte del suelo se prolonga a través de cada vértebra hasta la cabeza, como un montículo de piedras.

Práctica

Siéntate en una postura cómoda. Con las piernas relajadas en ángulo de noventa grados, con las manos apoyadas en la parte superior de los muslos y las palmas hacia arriba o contra las piernas. Tu espalda y tu cabeza permanecen erguidas, sin estar rígidas, como si un hilo tirara hacia arriba de la cabeza. Los hombros caen naturalmente hacia los lados, relajados, sin elevarse hacia las orejas. Has adoptado una postura digna y cómoda para meditar.

Práctica

Encuentra un lugar tranquilo donde instalarte. Adopta la postura que más te convenga: puede ser sentado en una silla con los pies bien apoyados sobre el suelo para sentirte estable. Nota cómo tu espalda puede mantenerse recta sin ningún tipo de tensión. Para ayudarte a sentir esa verticalidad, puedes imaginar que tu espalda es como un montículo de piedras. Tus vértebras encuentran una hermosa verticalidad, sin tensiones; tu cabeza descansa en lo más alto de tu columna, con un justo equilibrio.

LAS RAÍCES N. F.

Órgano subterráneo de una planta que sirve para fijarla al suelo y extraer el agua y los nutrientes necesarios para su desarrollo. Las raíces también permiten a las ramas acariciar el cielo.

Tu postura de meditación tiene que ser digna y estable. Cuando sientes el sostén del suelo a través de todos tus puntos de contacto anclas tu atención, como se anclan las raíces a la tierra.

Práctica

Colócate sobre el suelo, con las piernas cruzadas o de rodillas, siente el sustento del suelo bajo tus muslos y tus piernas.

Vive esta experiencia sin explicártelo, sin describirlo. Entra en esta experiencia de las sensaciones físicas de tu soporte.

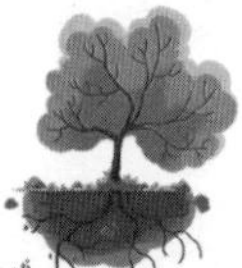

Práctica

Sentado esta vez en una silla, con los pies apoyados planos en el suelo, siente el contacto de esa silla bajo tus glúteos y tus piernas.

Tómate el tiempo que necesites para instalar tu cuerpo. Siente estabilidad y solidez, como si estuvieras enraizado al suelo.

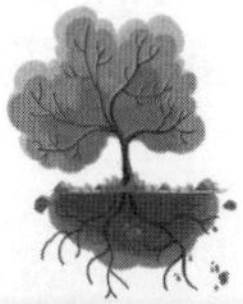

LA GUITARRA N. F.

Instrumento de cuerda que se afina antes de poder tocar para encontrar el equilibrio correcto de tensión en las cuerdas.

DEFINICIÓN

A veces ocurre que cuesta meditar porque intentamos esforzarnos demasiado por mantenernos enfocados en el objeto de atención (respiración, cuerpo) o, por el contrario, porque estamos demasiado relajados, casi a punto de quedarnos dormidos arrullados por nuestra propia respiración y la guía. Hay que encontrar el equilibrio correcto, la dosis exacta, como cuando afinamos una guitarra. La postura del cuerpo permite sobre todo encontrar ese buen equilibrio: despiertos pero relajados y cómodos.

Práctica

Dedica unos instantes a encontrar el momento preciso, el lugar adecuado, la postura correcta para «afinarte» antes de empezar a meditar.

Una postura correcta aparece lentamente como una evidencia, aunque puede cambiar durante la práctica en una misma sesión.

PRÁCTICA

En cuanto te sientes, deja de lado tus expectativas o tus objetivos: tienden a añadir tensiones inútiles.

Presta una atención equilibrada a tu respiración y a tus sensaciones corporales, y regresa a ellas si es necesario cuando los pensamientos te lleven a otro lugar.

LA CASA N. F.

Construcción de gran solidez que sirve para vivir en ella, para refugiarse.

Tenemos que cuidar de nuestro cuerpo porque en él vivimos toda la vida, es nuestra casa. La alimentación y el ejercicio son fundamentales, y la meditación permite adquirir el hábito de conectar con él, estar atento a las sensaciones, a las zonas de confort o de incomodidad, y observar, a través de la experiencia, los múltiples vínculos entre mente y cuerpo.
El conocimiento de esos vínculos puede permitirnos obtener un bienestar general muy placentero.

Práctica

Dirige la atención a todo tu cuerpo: los latidos del corazón, la sangre que circula, el funcionamiento de los órganos, las sensaciones de calor, la información que pasa por tus neuronas… Tu cuerpo rebosa de actividad, a veces con la ayuda de tu mente y, a menudo, sin que seas consciente de ello. Reconócelo y observa cada sensación que surja, interna o externa, con una curiosidad amable…

PRÁCTICA

Conectar con las sensaciones de nuestro cuerpo actúa como un punto de anclaje para la atención. Tu mente y tu cuerpo toman consciencia la una del otro, en armonía. Es tu casa, regresa y refúgiate allí, sin hacer otra cosa que prestar atención a sus distintas partes, que son las diferentes estancias de tu hogar.

EL TELESCOPIO N. M.

Aparato óptico que permite observar cuerpos celestes.

Durante la práctica de la meditación se nos invita a observar nuestro propio cuerpo y sus sensaciones, sin apego pero con detalle. Es un poco como cuando el científico mira a través de su telescopio para observar las estrellas.

Práctica

Dirige tu atención a todas las partes de tu cuerpo. Empieza por la coronilla y ve hasta el dedo pequeño del pie, pasando por la cara, la nuca, el pecho, el vientre…

Intenta simplemente escuchar y sentir cada sensación física.

PRÁCTICA

Prueba a dibujar un mapa detallado de tu cuerpo, como un astrónomo, sin juzgar ni analizar los mensajes que te envía: observa los lugares cómodos, incómodos o neutros. Sigue practicando con regularidad para ajustar correctamente los lentes y llegar a ser más sutil y preciso en la observación de tus sensaciones físicas.

LA ESTRELLA DE MAR

N. F.

Animal marino que tiene forma de estrella.

Meditar durante varios minutos en la misma posición puede resultar a veces difícil para el cuerpo. Al final de la meditación, cuando suena el gong, podemos estirarnos como si fuéramos una estrella de mar.

PRÁCTICA

Al final de una sesión de meditación dirige tu atención a las sensaciones de cada parte de tu cuerpo. Observa si son agradables, desagradables o neutras. Después, y antes de retomar tus actividades diarias, estira. Estira cada «rama» de tu cuerpo: el brazo derecho, el brazo izquierdo, la cabeza, la pierna derecha, la pierna izquierda y, finalmente, la nuca y la cabeza.

PRÁCTICA

A lo mejor has olvidado las estrellas de mar pequeñitas mientras estirabas. Si es así, ahora te invito a que estires uno a uno los dedos de tu mano izquierda: sepáralos todo lo que puedas y luego relaja.

Haz lo mismo con la mano derecha y, después, con los dos pies. Acabas de estirar un poquito más.

EL BOLICHE N. M.

Juego de habilidad en el que hay que meter una bola perforada dentro de una varilla de madera.

Todo tu cuerpo descansa sobre el chasis sólido que es tu esqueleto. La postura adecuada para meditar tiene que ser digna, estable y sólida, pero encontrar ese equilibrio requiere un poco de destreza y coordinación física, como cuando jugamos al boliche.

PRÁCTICA

Ponte de pie con los pies ligeramente separados. Dirige la atención hacia tu esqueleto. Siente tus pies en contacto con el suelo, siente todos los huesos de los pies (talones, plantas, dedos); siente tus tobillos, tus tibias... Todos esos huesos sostienen todo tu cuerpo. Las rodillas, los fémures y también la pelvis prolongan ese soporte. La pelvis estabiliza las piernas, pero también sostiene el resto del cuerpo a través de la columna vertebral. Siente bien la arquitectura de tu cuerpo.

PRÁCTICA

Tu espalda está recta pero no rígida. Ve subiendo por la columna vertebral, vértebra a vértebra. Accede a las sensaciones de esa rectitud, de esa verticalidad. Respira e intenta sentir las vértebras y las costillas, que se mueven suavemente con cada ciclo de respiración. Observa los huesos de tus brazos relajados junto al cuerpo. Ahora observa el cuello y la mandíbula; la cabeza que mantiene el equilibrio en la parte superior de la columna vertebral. Finalmente, presta atención a la parte superior de tu cráneo, que es el hueso más elevado de todo el cuerpo. El conjunto de todos esos huesos sostiene tu cuerpo entero.

2

LA RESPIRACIÓN

Forma parte de ti y de tu vida, hasta tal punto que no le prestas atención.

Inspiración... espiración... Esos movimientos casi imperceptibles se encadenan sin que lo desees conscientemente, simplemente porque es así.

Sin embargo, si te sumerges en la práctica de la meditación, tendrás que concentrarte en esa respiración, en ese aire que entra y sale por tus fosas nasales o por tu boca y llena todo tu cuerpo.

La respiración es la base de la meditación.

Si te apegas a ella y la escuchas, regularás tu ritmo cardíaco, pero también tu mente. ¡Sí! Cuando calmas la respiración también aquietas toda la agitación mental que puedas estar teniendo.

Pero cuidado, no se trata de controlar la respiración ni de constreñirla, sino que tendrás que aprender a acogerla, a reconocerla por lo que es: un soplo de vida que te atraviesa y en el que puedes apoyarte para alcanzar un estado de consciencia diferente, más abierto, con más presencia del mundo.

Parece muy sencillo, sin embargo... tendrás que perseverar porque lo que parece obvio a veces puede ser difícil de conseguir. Pero no te desanimes. Piensa en esta respiración presente, no pienses ni en la que viene ni en la que ha pasado, solo en este aire que sientes en tus fosas nasales en este momento.

Y ahora, ¡es tu turno!

LA BICICLETA N. F.

Vehículo compuesto por dos ruedas alineadas cuya fuerza motriz proviene del conductor, quien mantiene el equilibrio mientras pedalea.

Igual que en el caso de la bici, la persona que medita aprende con paciencia a llevar su atención una y otra vez a la respiración, de manera suave y sistemática, y con amor. Esta técnica poco a poco se vuelve automática, instintiva, sin esfuerzo... Y ese micromovimiento de equilibrio es el corazón de la meditación... ¡y del ciclismo!

Práctica

Dirige tu atención al inicio de la inspiración y después al corazón de la misma, cuando la aspiración de aire es importante, y para acabar, presta atención al final, cuando el hilo de aire es más fino.

Haz lo mismo con la espiración. Observa ese efecto de péndulo que te mantiene vivo, en equilibrio. Repítelo varias veces.

PRÁCTICA

Si por casualidad tu atención se desvía de la respiración, regresa a ella con amabilidad, sin forzar nada.

Esas oscilaciones sutiles del péndulo que te separan y luego te devuelven a la respiración son completamente normales y lo más importante de la práctica de la meditación.

EL ANCLA N. F.

Pieza pesada de acero que va unida al extremo de una cadena y que, cuando se coloca en el fondo del agua, permite fijar la embarcación a la que está unida y evita que vaya a la deriva.

La mente tiene una tendencia natural a ir a la deriva, a divagar. La práctica de la meditación utiliza la respiración como ancla para la atención. La respiración está siempre ahí, es regular y relajante, incluso en medio de tormentas, y evita que vayamos a la deriva. ¡Ánclate a ti mismo!

Práctica

Limítate a conectar con lo que eres. Tómate un descanso de ti mismo. La respiración te permite regresar una y otra vez al momento presente. Lleva toda tu atención a la respiración y conecta con ella para lograrlo. Como si fuera un lugar donde poder descansar la atención para evitar que vaya a la deriva. No se trata de pensar en la respiración, sino de vivirla con todos los sentidos despiertos. Inspira y espira y, después, intenta habitar tu cuerpo totalmente, sintiéndolo también desde el interior. Tu respiración es tu ancla.

Ponte de pie con los pies firmemente plantados sobre el suelo y separados al ancho de las

caderas. Deja que tus brazos caigan a lo largo del cuerpo de forma natural. Examina mentalmente las zonas de contacto entre tus pies y el suelo. ¿Qué parte del pie siente más el peso de tu cuerpo? Empieza a caminar, lento. Quizá te tiente andar de determinada manera. Simplemente camina de forma natural; empieza despacio... No pienses en ello. Deja ir tu respiración para que sea natural, sin coordinarla con tu caminar.

Si tu atención se desvía, fíjala a la respiración, como un ancla, y regresa a las sensaciones relacionadas con el caminar.

EL OLEAJE N. M.

Tren de olas regular y prolongado en el tiempo, que no genera el viento local, sino un viento lejano.

Cuando prestamos atención a la respiración durante una meditación, nos damos cuenta de que siempre está ahí, pero también es siempre diferente: a veces es corta, a veces es amplia, a veces es profunda, a veces es vacilante, a veces es irregular... Igual que el oleaje.

Práctica

Túmbate boca arriba y realiza tres respiraciones profundas. Dirige tu atención a tu vientre y a la ropa que lo cubre. Observa su movimiento: suben y bajan. Alcanzan mínimos y luego máximos. Observa el ritmo, observa la amplitud. Como si el oleaje recorriera todo tu cuerpo.

Práctica

Tu mente tal vez sea igualmente atravesada por una oleada de estados de ánimo. Fíjate en los momentos bajos, en los picos, en los momentos de llano también; observa su posible regularidad: es así. No intentes cambiar las cosas y regresa siempre a la respiración, sin juzgar.

EL CHOCOLATE CALIENTE

N. M.

Bebida caliente que relaja.

Para mantener tu atención en la respiración, puedes imaginar que inspiras aire puro, pero también amor, calma o simplemente algo sabroso como un chocolate caliente. También puedes imaginar que espiras tensiones, contrariedades o simplemente aire para enfriar ese mismo chocolate caliente.

Práctica

Para esta práctica necesitarás una bebida caliente (café, té, chocolate...). Mantén los ojos cerrados o medio cerrados y permanece inmóvil. La taza desprende un vapor ligeramente caliente y húmedo, inclínate para comprobar si lo sientes en la nariz, en las mejillas, en la frente. Aprovecha este ejercicio para conectar directamente con tus sensaciones. Si la bebida está demasiado caliente, ayuda a que se enfríe: inspira profundamente por la nariz inflando el abdomen... A continuación, suelta lentamente el aire por la boca. A medida que espiras tus hombros bajan y tu abdomen se vacía lentamente.

PRÁCTICA

Deja que el aroma de la bebida suba por tus fosas nasales. ¿Te gusta esa sensación? Inspira ese aire que huele bien a café, a té o a chocolate y observa que el aire que sale cuando espiras no huele a nada. Es como si lo hubieras hecho desaparecer o lo hubieras guardado dentro de ti... Respira unas cuantas veces más así. Al estar presente en tu respiración y tus sentidos, ayudas a que tu atención descanse y tu mente se calme.

LOS VILANOS DEL DIENTE DE LEÓN

N. M.

Especie de pequeños pinceles ligeros que quedan por encima del diente de león y que se suelen hacer volar soplando suavemente por encima.

Cuando diriges tu atención hacia tu inspiración o tu espiración no hay nada que lograr o conseguir, solo tienes que convertirte en un testigo curioso y asombrado de lo que sucede en tu interior y a tu alrededor. Es como cuando soplas un diente de león y una parte se queda colgando, otra vuela y otra regresa para acariciarte la cara con el viento y luego desaparece.

Práctica

Colócate en una posición cómoda y realiza tres respiraciones profundas. Cuando espires imagina que tu respiración hace que las plumas del diente de león salgan volando. Déjate sorprender por la magia de la naturaleza y acoge amablemente esos pensamientos o emociones que están surgiendo en ti en este preciso momento.

Práctica

Toma consciencia de lo que conforma tu experiencia: la respiración, el cuerpo, los sonidos, los pensamientos... Observa cómo baila lo que atraviesa tu consciencia mientras ves el diente de león bailar en la brisa. Permite que esos pensamientos o esas emociones estén ahí, pero quédate en la realidad de tu respiración: vives, aquí y ahora.

EL BIGOTE N. M.

Conjunto de pelos que crecen por encima del labio superior en los humanos... y también en los gatos. ;)

Para centrar la atención en la respiración muchas veces se nos invita a concentrarnos en la parte del cuerpo donde más sentimos las idas y venidas del aire. Y la punta de la nariz ¡es una buena candidata!

Práctica

Cuando te hayas sentado deja que se dibuje una leve sonrisa en la comisura de tus labios. A continuación, realiza algunas respiraciones largas y profundas. Intenta identificar el lugar de tu cuerpo donde sientas mejor tu respiración. Puede ser el abdomen, el pecho, la garganta… o la nariz. Observa los movimientos de tu pecho, de tu vientre que baja y sube a su propio ritmo. Sigue el aire que entra y sale. Y después deja que tu respiración se desarrolle sola. Observa cómo todo tu cuerpo participa en la respiración.

Práctica

Para ir más lejos, coloca un dedo debajo de la nariz, como un bigote. Siente cómo el aire acaricia tu dedo con cada inspiración y cada espiración. Permanece así durante unos minutos. Puedes contar los ciclos de respiración (inspiración + espiración) gracias a este estupendo «detector» de la respiración.

Este ejercicio se recomienda sobre todo cuando los pensamientos incesantes dificultan centrar la atención en la respiración.

LA OLA N. F.

Cuando el viento sopla sobre el océano, sobre el mar o sobre un lago, crea movimientos superficiales en forma de una sucesión de olas, todas diferentes.

A veces se puede meditar imaginando con cada inspiración que el aire que entra en los pulmones es una suave ola que irrumpe y expande su oxígeno por todo tu cuerpo, hasta el extremo de los brazos y los pies. Luego, se puede visualizar cómo ese mismo aire cargado de tensiones se retira del cuerpo para ser expulsado por la nariz o por la boca.

Práctica

Túmbate y cierra los ojos. Imagina que todo tu cuerpo respira, que las olas lo llenan y luego lo vacían.

Deja que tu respiración fluya de forma natural, sin forzarla.

Simplemente dirige toda tu atención al espectáculo y al sonido de las olas que fluyen por tu cuerpo.

En este momento tus sensaciones físicas están presentes (o no). Deja que lo que sientes surja en tu mente.

Sigue así, toma varias respiraciones más. No intentes detener tus pensamientos y sigue regresando sin cesar a tu cuerpo que respira.

Tu cuerpo es tu aliado, tu cuerpo es tu ancla. Tu cuerpo es tu aliado para domar los sobresaltos de tus pensamientos o tus emociones.

«No podemos detener las olas, pero podemos aprender a surfear» (Jon Kabat -Zinn).

3

LOS SENTIDOS

No, la meditación no es simplemente ponerse en un rincón y apartarse del mundo.

Igual que tampoco se contenta con apelar a nuestra respiración y a nuestro cuerpo para relajarnos.

La meditación es mucho más que eso: es una apertura al mundo, a través de todos los sentidos, para apreciarlo mejor y disfrutarlo.

Cuando nos enseña a dejar de estar en modo automático, a dejar de realizar nuestras tareas y nuestras actividades sin pensar, la meditación nos lleva a saborear lo que nos pasa, a disfrutar de las cosas, a saborear la vida tal como es. En toda su belleza y con todo su sabor.

Sentir el agua en la cara cuando llueve, apreciar el sabor de los alimentos cuando los comemos por primera vez (e incluso por enésima vez), disfrutar de un atardecer que encandila la vista y el corazón.

Tantas cosas que tendemos a dejar de ver, a dejar de apreciar, cuando son la sal de la vida.

La práctica de la meditación nos invita a utilizar todos nuestros sentidos, y modifica la forma en que vemos el mundo y nos presentamos ante él.

Para entenderlo y disfrutarlo.

Cuando aprendemos a estar presentes en el mundo y en nosotros mismos, aquí y ahora, la meditación nos lleva a aprovechar lo que la vida nos ofrece, sin buscar más allá del simple placer de estar aquí, completa y totalmente.

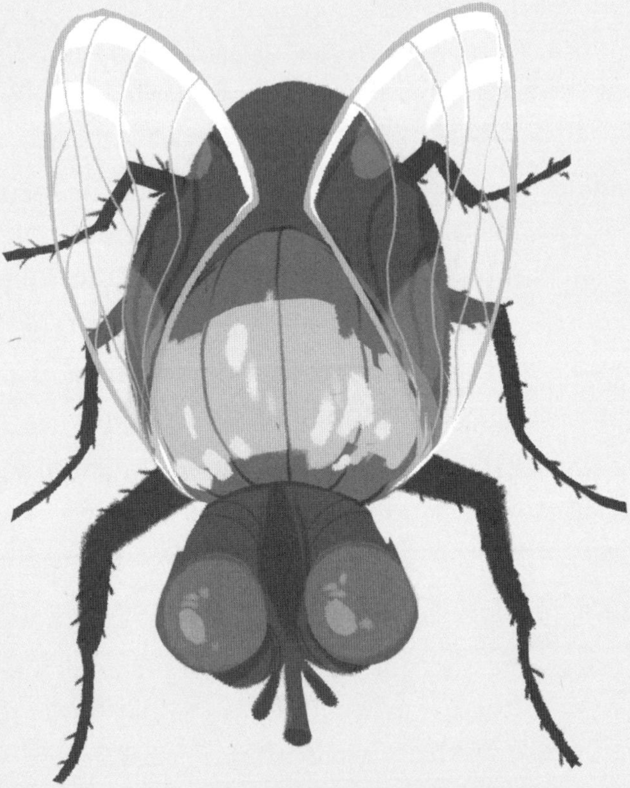

LA MOSCA N. F.

Insecto volador que suele perturbar nuestra calma con su zumbido característico.

Cuando meditamos a veces resulta difícil mantener la concentración y suele ocurrir que, como pasa con la mosca, nos moleste un ruido, un sonido, un pensamiento intrusivo.

Práctica

Siéntate con los ojos cerrados y conecta con tu respiración. Si, después de un tiempo, experimentas una distracción externa (un sonido, una sensación física, un insecto, una interrupción por parte de alguien), simplemente acéptalo, deja que sea. Esa perturbación es una oportunidad y no un obstáculo que tengas que superar: te ayuda a entrenar tu atención. Observa qué efecto tiene en ti esa distracción, sin dejarte atrapar por torbellinos de pensamientos y emociones. Y regresa a la respiración.

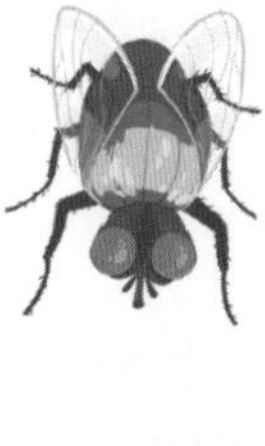

PRÁCTICA

Cierra los ojos. Toma consciencia de tu respiración, sólida, fiel, regular. El cuerpo sigue en el presente. Ánclate en tu cuerpo. Si identificas una incomodidad que te molesta (sensación física, sonido, olor, etc.), deja que se instale y que ocupe espacio en tu mente. Luego, observa tus reacciones espontáneas: cuanto más intentas alejar los pensamientos relacionados con ese malestar, más se agitan. Tómate el tiempo necesario para ver ese malestar como una curiosidad que puedes observar, como un evento que contiene una parte real y otra física, una parte emocional y otra mental.

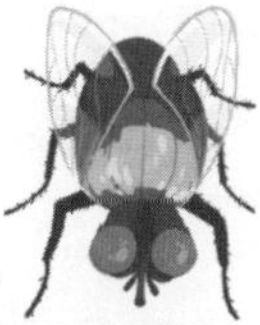

LA UVA PASA N. F.

Fruto seco.

Las pasas se suelen tragar rápidamente, sin que la persona que las come se detenga en sus sensaciones. Meditar mientras comemos o comer mientras meditamos nos permite cultivar nuestra propia atención y redescubrir nuestro hambre.

Práctica

Coloca una uva pasa en la palma de tu mano. Empieza a explorarla utilizando para ello todos tus sentidos, como si nunca hubieras visto nada igual. Fíjate en su color, los pliegues, las zonas que reflejan luz o que son opacas.

Utiliza el tacto para sentir su textura: palpa las partes blandas, duras, rugosas o tal vez lisas. Toma consciencia de eso solamente.

Ahora, acércatela a la nariz y observa cuidadosamente su olor, si lo hay. Luego, acércatela a la oreja, aplástala, gírala entre tus dedos y escúchala.

A continuación, para seguir con el ejercicio, llévala lentamente hacia la boca. Introdúcela con delicadeza sobre la lengua, sin masticarla. Observa solamente las sensaciones en el interior de la boca. Y unos segundos después, muerde deliberadamente la pasa y observa el sabor que se desprende. Mastica lentamente, toma consciencia de su consistencia. Traga y, luego, presta atención a las sensaciones de la uva pasa bajando por la garganta, por el esófago y hasta el estómago.

EL CEPILLO DE DIENTES N. M.

Utensilio destinado a cepillarse los dientes.

DEFINICIÓN

Ser consciente, a cada momento, de que lo que estás haciendo permite redescubrir una serie de actividades que sueles hacer en piloto automático, absorto en tu mente y alejado de tus sentidos. Cepillarse los dientes es un ejemplo de ello.

Práctica

Para empezar, observa los ruidos del cuarto de baño.

A continuación, presta atención al olor del dentífrico que colocas sobre el cepillo de dientes. Observa su textura y su sabor mientras te llevas el cepillo a la boca y realizas los primeros movimientos.

Permanece consciente de los ruidos del vaivén del cepillo, de las sensaciones de la espuma que va creciendo en tu boca, de las sensaciones en las encías o en los labios...

PRÁCTICA

Tras haber activado todos tus sentidos, uno tras otro, intenta ampliar tu atención a todos los sentidos al mismo tiempo: puedes sentirlo todo.

Si tu atención divaga, regresa al sentido que te parezca más presente (oído, gusto, olfato, etc.). Estás, aquí y ahora.

LA DUCHA N. F.

Cantidad de agua (caliente, fría, templada...) que va dirigida al cuerpo y que se utiliza por razones higiénicas o con fines terapéuticos.

La ducha es una actividad que a veces resulta difícil de realizar estando plenamente presente, ya que a menudo la tomamos en modo automático, perdidos en nuestros pensamientos. Sin embargo, es una actividad agradable para la mente y el cuerpo, durante la cual cuidamos de nosotros mismos.

Práctica

Cuando estés duchándote, presta atención a lo que estás haciendo en ese preciso momento.

Observa si tu mente divaga: puede ser que sorprendas a tu mente visualizando una reunión de trabajo y, por tanto, ¡todos tus compañeros estén en la ducha contigo!

Vuelve al momento presente. Regresa a las sensaciones del agua que cae sobre tu cuerpo: ¿está caliente o tibia?

Práctica

Mientras estás bajo la ducha, abre también tus otros sentidos.

¿Cuáles son los olores que te acompañan durante toda esta actividad? El del jabón, el del champú…

¿Y qué sonidos percibes? Quizá el sonido del agua, el de la esponja llena de jabón sobre tu cuerpo…

EL TELÉFONO N. M.

Dispositivo de comunicación que transmite la voz humana y permite estar en contacto con otras personas, sin importar la distancia.

Tendemos a apresurarnos para hacer las cosas, ya sea lavarnos, trabajar o incluso contestar el teléfono. No dedicamos el tiempo necesario para dedicarle tiempo, precisamente. Ahí es donde la práctica de la respiración y la meditación nos ayuda a situarnos.

Práctica

La próxima vez que escuches el teléfono sonar (ya sea una llamada o una notificación) no te lances a por él. Quédate donde estás, inspira y espira con calma, escucha atentamente la textura del sonido que te llega y sonríe.

Al cabo de unos segundos y de forma consciente, contesta la llamada.

PRÁCTICA

También puedes imaginar que vienes de otro planeta o de otra época y que escuchas ese timbre con una curiosidad casi científica.

Observa el sonido con atención, observa qué sucede en tu interior. Y dado que no tienes ni idea de qué es ese dispositivo ni de lo que tienes que hacer, observa las sensaciones o los pensamientos que surjan en tu interior.

LOS CACAHUETES N. M.

Fruto seco salado divertidamente adictivo.

Como con las pipas, puede que te cueste controlar el consumo de cacahuetes. Mientras hablamos nos olvidamos por completo y los tragamos en piloto automático. Meditar nos permite tomar consciencia y decidir realmente si los comemos o no.

Práctica

Te proponemos un pequeño ejercicio de meditación informal para que lo hagas en pleno aperitivo, cuando estés a punto de comerte unos cacahuetes.

Para. Realiza tres respiraciones, vuelve a conectar con el momento presente y toma consciencia de la experiencia que está teniendo lugar.

Observa lo que está sucediendo. Escúchate a ti mismo, a tus emociones, a tus pensamientos, a tus sensaciones físicas. Permanece particularmente alerta si observas cierta glotonería impulsiva.

En lugar de reaccionar automáticamente, aprovecha los pocos segundos que le has ganado a tu gesto instintivo para elegir responderle con consciencia plena, sin juzgar y con amor.

Si has decidido comerte los cacahuetes, basta con que estés presente en esa experiencia de comer, lleva tu atención sin juzgar hacia tus sentidos (vista, olfato, gusto...), a los movimientos de tu mandíbula, a lo que te rodea y a ti mismo. Por ejemplo, puedes utilizar la técnica de la uva pasa que ya has experimentado.

EL ASCENSOR N. M.

Dispositivo que permite el transporte de personas de una planta a otra en un edificio.

Meditar permite descubrir una serie de sensaciones internas a las que muchas veces no prestamos atención. Es lo que se llama interocepción y que nos permite sentir el hambre, la sed, el dolor... o incluso el vaivén vertical del aire en el cuerpo, en la caja torácica, que, como si fuese un ascensor, baja oxígeno y sube CO_2.

Práctica

Presta atención a las sensaciones del aire que pasa por tus fosas nasales, por tu garganta y que llena tus pulmones.

Todas esas sensaciones que percibes forman parte de tus sentidos, al igual que sucede con el oído o el olfato. Siente las caricias, los roces internos.

A continuación, comprueba que tu postura es recta pero sin tensión.

Deja ahora que tu respiración transcurra por sí misma.

La respiración es como un ascensor que va subiendo y bajando por tu columna vertebral. Siente su vaivén desde el coxis hasta la coronilla.

Imagina que esa respiración se desplaza como un ascensor que imprime su verticalidad a todo tu cuerpo.

4

LAS EMOCIONES

Sacudidos por las emociones como un barco en medio de un mar tormentoso. Así es como nos sentimos a veces. Demasiadas emociones, demasiados sentimientos, demasiado de todo.

Y resulta difícil mantener el rumbo, salir de esa montaña rusa emocional.

Sin embargo... con la meditación, te entrenarás para no volver a dejarte llevar, para no volver a dejarte arrastrar por la corriente, sino que puedas acoger tus emociones.

Con amor, sin nervios, la práctica de la meditación te enseñará a dar a esos sobresaltos del corazón el lugar que les corresponde. Ya que todo sirve para algo. Dejarlos pasar sin dejarte llevar... eso es lo que te permite la meditación.

Porque todas esas emociones no duran, porque pasarán y tomarás consciencia de su transitoriedad. Las emociones son realmente un vínculo poco conocido entre el cuerpo y la mente porque podemos constatar su presencia en ambos.

Si te concentras en la respiración, intentas no juzgar y permaneces neutral, pero presente en ti y en el mundo, podrás dejar que aparezcan como pompas de jabón que acabarán desapareciendo, estallando suavemente ante ti.

LA HOGUERA N. F.

Fuego que se enciende al aire libre, a menudo durante una velada.

Frente a una fogata, ¿te fascina más la danza de las llamas y te preocupa la leña que se acabará, o te amargas al ver cómo el esfuerzo dedicado para recoger leña se esfuma? Meditar te permite entrenar para prestar atención al momento presente, para no dejar que tus pensamientos vayan a la deriva o, en todo caso, para no detenerte ahí.

PRÁCTICA

Instálate en una postura que te resulte realmente cómoda y siente el movimiento de tu respiración.

Como con la fogata, observa, si las hay, las emociones que nacen en ti y que se van.

Obsérvalas con franqueza, sin juzgar, permítete vivir el momento presente...

A continuación, en la segunda parte de este ejercicio, observa si te dejas llevar por el análisis de las causas de una angustia o por la anticipación del futuro.

Seguramente tendrás que «hacer esto o pensar en aquello» más adelante, pero por ahora deja que tu atención se centre exclusivamente en lo que hay en este instante.

Permanece ahí, disfrutando de la suave tranquilidad del momento presente, que, en definitiva, es muy similar a la de una fogata que crepita.

LAS POMPAS DE JABÓN

N. F.

Burbujas efímeras que crea el jabón.

En la meditación a veces estamos incómodos por la postura, por las emociones, por los sentimientos que nos atraviesan. No hay que olvidar que son efímeros y pasarán, como las pompas de jabón.

Práctica

Colócate en un lugar tranquilo, sobre una silla, de pie o tumbado. Cerrar los ojos en este ejercicio puede ayudarte a conectar mejor con tu interior.

Conecta con tu respiración durante unos minutos. Siente cómo el aire entra en tu cuerpo y lo atraviesa en cada inhalación, y cómo abandona tu cuerpo con la exhalación.

Si te atraviesan sensaciones físicas, emociones o pensamientos, simplemente contémplalos como si fueran pompas de jabón que hubieras hecho tú, aíslalos y distínguelos los unos de los otros, sin juzgar.

Observa cómo, empujados por tu respiración regular, van desapareciendo lentamente de tu mente. Con cada exhalación los dejas ir fuera de ti.

Los pensamientos, las emociones que se elevan son como burbujas: se desintegrarán si tienes paciencia suficiente. Así que deja que se alejen y desaparezcan, sin aferrarte a ellos, pero sin apartar la mirada.

LA CAPUCHA N. F.

Parte de una prenda de vestir utilizada para protegerse del mal tiempo.

Meditar no consiste en aislarse del resto del mundo ni en permanecer en nuestra burbuja, sino que consiste en abrir la mente a todas las sensaciones, pensamientos, emociones, y aceptarlos con amor. Pero tampoco tienen que apoderarse demasiado de tu mente, aunque a veces sea bueno cubrirse con una capucha para invitarlos a pasar.

Práctica

Cuando dejas lo que estás haciendo para meditar, intenta, en la medida de lo posible, no luchar contra las emociones que a veces invaden tu mente. Mantenlas en el campo de tu atención y dales espacio para que puedan desaparecer lentamente, sin instalarse en tu mente. Dales espacio para observar hacia dónde te van a llevar.

PRÁCTICA

Imagina que, durante un paseo, te sobrevuelan pájaros. Vigílalos, eso es todo, están justo ahí, cerca de tu cabeza. Si es demasiado, mientras vuelves a llevar tu atención a la respiración, imagina que levantas lentamente tu capucha solo para evitar que los pájaros aniden en tu cabello.

LA METEOROLOGÍA **N. F.**

Conjunto de fenómenos atmosféricos, como nubes, lluvia, sol.

Nos vemos atravesados por sentimientos y emociones que cambian de un momento a otro, como la meteorología. Aprender a aceptarlos y dejarlos ir es uno de los pilares de la meditación.

Práctica

Siéntate unos momentos en silencio. Toma consciencia de tu respiración y de tus sensaciones, de tus pensamientos y, por último, de tus emociones y tu estado de ánimo.

Para ayudarte, intenta sentir cuál es tu tiempo, o tu clima interior.

Utilizar expresiones un tanto abstractas como «es un hermoso día de cielo azul en mi mente» o «siento que está lloviendo en mi interior» nos permite calificar nuestros estados de ánimo, nuestro humor, lo que sentimos, y a veces resulta mejor que hacerlo con un vocabulario más sofisticado.

Intenta siempre permanecer igual de filosófico que con el tiempo real: no tienes ningún control sobre los eventos ni sobre tus emociones. Tienes que adaptar un poco tus planes dependiendo del tiempo que hará.

Observa tu tendencia a juzgar y deja que esos juicios pasen, no los combatas, no los alimentes.

EL YOYÓ N. M.

Juego infantil que consiste en mover un disco hacia arriba y hacia abajo utilizando para ello una cuerda.

Emociones y sentimientos que oscilan entre lo positivo y lo negativo nos atraviesan todo el tiempo. Esa oscilación se parece a la del yoyó.

Práctica

Siéntate en silencio y date permiso para ser. Presta atención durante unos instantes a los sobresaltos, pero también a los momentos de «llanura» emocional.

Fíjate en ese yoyó interior que va y viene varias veces, y luego se para.

Observa cómo tu mente pasa de una emoción a otra.

Práctica

Considera tus emociones con amor, sin dejar que invadan toda tu mente, sin dejar que capten toda tu atención. Esas emociones ya no están solas, tú estás ahí, tu cuerpo y tu respiración están ahí. Tienen espacio para estar, bajo la mirada amorosa de tu atención. Sepárate de todo y permite que tus emociones estén ahí: tu alegría, tu sufrimiento, tu tristeza, tu afecto, tu miedo, tu ira... aquí y ahora. Haz espacio para todo eso y permite que todas esas emociones dispongan de un espacio amplio y abierto, sin juzgar...

LA MOCHILA N. F.

Espacio de almacenamiento que se lleva a la espalda y que deposita el peso de lo que contiene sobre los hombros.

Todos nosotros llevamos a cuestas muchas emociones, condicionamientos, la herencia familiar, la presión social... como en una enorme mochila.
A menudo es pesada de transportar, especialmente porque muchas veces no somos conscientes de todo lo que se ha ido acumulando. Hoy vamos a dedicarle algo de tiempo a seleccionar y aligerarla un poco.

Práctica

Dedica unos instantes a instalarte en el momento presente tomando consciencia de tu respiración, tu cuerpo y los sonidos que te rodean. Observa qué sucede en tu cuerpo, sobre todo, en las zonas de tensión. Si surgen emociones, en vez de meterlas en la mochila de las emociones, acógelas como son y deja que existan. Sí, las emociones forman un vínculo entre el cuerpo y la mente, podemos identificarlas tanto en uno como en la otra. Dedica unos segundos a descubrirlas y quizá puedas domarlas. Si te resulta natural, saca otras emociones y selecciónalas, dejando ir las que sean inútiles. Observa ahora si te parece que la mochila pesa menos.

PRÁCTICA

En tu vida diaria, si surgen nuevas emociones, trata de lidiar con ellas en ese momento, en lugar de meterlas descuidadamente en tu mochila para que se acumulen y pesen muchísimo en tu equipaje emocional. Ve tratándolas sobre la marcha: tómate el tiempo que necesites para conocerlas mejor, para evitar darles los medios para que proliferen. Y a partir de ahí suelta las que sean negativas, identifica las que sean útiles y tengan mensaje… Incluso podrías intentar cultivar las positivas con nuevos hábitos.

LA POLINIZACIÓN N. F.

Transporte de un grano de polen desde los estambres (órgano masculino) hasta el pistilo (órgano femenino), a menudo con ayuda de abejas y pájaros.

Las emociones, en particular, a veces se propagan, como el polen que pasa de flor en flor gracias a las abejas. Puedes crear un impulso colectivo a tu alrededor e inspirar a otras personas con tus cambios, por muy sutiles que sean.

PRÁCTICA

En tu día a día, si estás rodeado de colegas, amigos, vecinos o extraños, practica este pequeño ejercicio de meditación informal: esboza una leve sonrisa, una media sonrisa, apenas visible, pero que moviliza la mayoría de los músculos de tu rostro (ojos, boca, mejilla, etc.).

A continuación, busca con la mirada algunas personas que tengas cerca.

Observa si se desarrolla una especie de contagio positivo que te conduzca, quizá, hacia un impulso colectivo.

Observa qué ocurre en tu interior: qué desencadena esa media sonrisa en tus sensaciones físicas o en tu actividad mental.

Dedica unos instantes a contemplarlo, sin juzgar, con amor. Sin apegarte a nada más que a la calidad de tu presencia, aquí y ahora.

5

LOS PENSAMIENTOS

La meditación es instalarse en un lugar tranquilo y dejar de pensar...
Muchas veces resumimos así, y erróneamente, la práctica de la meditación. :)

¡Ha llegado el momento de desmontar las falsas creencias! La meditación no consiste en dejar de pensar –algo totalmente imposible–, sino que es una forma de acoger nuestros pensamientos sin dejarnos llevar por ellos.

Imagina que estás frente a una gran carretera por la que circulan muchos coches. Estás ahí, los ves pasar: el rojo, el gris, el que va demasiado rápido, el que arrastra una caravana…, pero tú no te subes a ninguno de esos vehículos.

En la meditación es lo mismo: nos alejamos del tumulto, acogemos lo que viene, sin juzgar, con amor. Observamos…

Dejar de ser esclavos de la mente es a lo que nos lleva la práctica de la meditación. Para que finalmente seamos más desprendidos y tomemos distancia. Para ir más ligeros, en definitiva, y no dejarnos llevar por pensamientos que nos pesan…

LA CASCADA N. F.

Corriente de agua que cae desde cierta altura a causa de un brusco desnivel en su cauce, especialmente en un río.

En el tumulto de la vida, a menudo es difícil tomar distancia y dejar ir los pensamientos sin aferrarse a ellos. Sin embargo, cuando damos un paso al lado, igual que cuando nos alejamos de la cascada para verla mejor, podemos llegar a tomar distancia.

Práctica

Instálate en tu postura, desde la calma. Respira lentamente, con serenidad. Si te invaden los pensamientos, como el rugir del arroyo de una cascada, da un paso al lado, o un paso atrás, y toma distancia en relación con tu mente. Como si te desviaras lo suficiente de la cascada, entre la pared de roca y el agua. Sin juzgar, ni analizar, ni intentar controlar esas distracciones internas. Entonces tendrás un mejor punto de vista para contemplar la belleza de esa cascada de pensamientos... y acogerlos con amor.

PRÁCTICA

Tras saborear las delicias del momento presente, no en la acción, sino en la contemplación, te invito a que respires tranquilamente. Fíjate en los pequeños espacios entre la desaparición de un pensamiento y la aparición de uno nuevo. Tómate unos instantes para apreciar la distancia que te separa de tus pensamientos, una distancia de seguridad en cierto modo. Busca la distancia adecuada descentrándote. No te apegues a nada, solo respira y contempla el torrente de pensamientos que van y vienen. No puedes controlarlos ni anticiparlos. Aprecia la distancia tranquilizadora que te separa de tus emociones.

LA BOLA DE NIEVE

N. F.

Bola de cristal en el interior de la cual se mueven pequeños copos de nieve cuando se agita.

La mente es como esa bola de nieve: todos los monólogos interiores, las rumiaciones, las anticipaciones, los pensamientos cotidianos relacionados con tus actividades, las preocupaciones..., todo eso se mezcla y crea una nube muy opaca. Pero esa agitación mental puede calmarse de forma natural, sin esfuerzo, mediante la meditación.

Práctica

Siéntate en un lugar para meditar durante unos minutos. Cierra los ojos si crees que te puede ayudar. Respira...

Puede que hayas llegado a este momento con multitud de pensamientos en tu cabeza, o puede que surjan durante estos momentos de atención a la respiración.

Si los pensamientos te nublan la mente, basta con no hacer nada, con permanecer aquí y ahora con paciencia, sin añadir pensamientos para no volver a agitar esa tímida y precaria serenidad. Observa cómo, poco a poco, regresa lentamente una especie de claridad mental.

Transcurridos unos minutos quizá puedas contemplar el momento presente con alegría... o quizá puedas contemplar algunos otros pensamientos sutiles que no distinguías antes. Así trabajas tu capacidad para discernir.

Obsérvalos solo por lo que son, construcciones mentales, y no por lo que significan o por lo que llevan consigo.

LA LLUVIA N. F.

Agua que cae del cielo. Sus gotas son transparentes o a veces opacas, cargadas de polvo.

Practicando la meditación puedes aprender a cubrir completamente de atención un objeto (un sonido, una sensación, un sabor, etc.) durante unos minutos, sin parar, como la lluvia que cae como una cortina y lo impregna todo.

Práctica

Imagina que tu atención es como una lluvia ligera cuyas gotas alcanzan e impregnan toda superficie expuesta: estás plenamente atento a todo lo que hay, en ti y a tu alrededor. Quizá puedas observar si hay pensamientos caprichosos que perturban tu mente. Dedícales esa misma atención amable, sin juzgar, sin culparte, sin analizar. Deja que esas perturbaciones sean capturadas y absorbidas por tu atención, igual que la lluvia limpia de polvo el aire. Observa si lentamente regresa cierta calma y lucidez. Esa claridad mental es agradable y permite disfrutar aún más del momento presente.

Conecta con tu respiración. Comprueba que tu postura es recta. Deja que tu respiración transcurra sola. Y a medida que pasen pensamientos por tu mente, toma un poco de distancia para ver lo espaciosa que es. Por ejemplo, si subes por encima de esa nube de polvo mental, el aire vuelve a ser puro. Tendemos a identificarnos con esa nube, pero no es más que una pequeña parte de la atmósfera; hay espacio para otros pensamientos, y para el silencio. Si no lo agitas y no lo levantas, ese polvo se asentará o será arrastrado por la lluvia.

LA SERPIENTE N. F.

Reptil que avanza dibujando ondas sobre el suelo y que cambia de piel con regularidad.

Es difícil no identificarse con esos pensamientos, con esos razonamientos. Nuestra mente a menudo se queda absorta por el objeto de nuestros pensamientos. La meditación puede ayudarte a salir de la mente, igual que una serpiente muda su vieja piel.

Práctica

Permítete unos minutos de tranquilidad y siéntate sin hacer nada. Observa todos las construcciones mentales que puedan estar apareciendo en tu mente y que te estén alejando del momento presente. ¿Cuántas de ellas son impulsadas o generadas por tu ego («MI tiempo es demasiado precioso para meditar», «YO soy la única persona incapaz de meditar»)? Ese ego suele controlar demasiado tus pensamientos o tus acciones. Con cada espiración intenta reconocer y después evacuar tus pensamientos, un poco demasiado dictados por tu ego.

PRÁCTICA

Simplemente estando ahí, no haciendo más que ser consciente de la experiencia que está teniendo lugar, imagina que te deslizas y sales de tu mente y de tu ego como una serpiente que está mudando. Deja todo eso atrás para SER, como eres, sin una capa de narrativa ni de protección.

Permanece así unos instantes y observa tus sensaciones.

LA VACA N. F.

Animal mamífero y herbívoro... que rumia todo el día. :)

Muchas veces hacemos las cosas sin pensar, por costumbre, como una vaca que pasta y rumia día tras día. La práctica de la meditación nos ayuda a actualizar esos hábitos y a decidir cambiarlos, o no.

Práctica

Durante tu jornada presta atención a las situaciones que vives prácticamente siempre en piloto automático, a pesar de un entorno que a veces es cambiante: el camino al trabajo, las riñas cuyo patrón se repite, los «holas» mecánicos.

Toma consciencia de todos esos hábitos antes de comenzar a observarlos con ternura.

Observa los posibles fenómenos internos (nudo en la boca del estómago, dolor en la nuca, tensión en la espalda...) que acompañan a esos hábitos y a esos patrones que se repiten.

A partir de ahí, permítete la posibilidad de elegir, con consciencia, si quieres cambiarlos o no.

EL PEZ ROJO N. M.

Animal acuático que suele vivir en un acuario.

Es importante cambiar el agua del acuario para que su toxicidad no mate al pez rojo, muchas veces sin que él mismo se dé cuenta. Su vigilancia queda adormecida por el aparente confort (exceso de comida) y por el aumento lento pero inexorable de las toxinas. La meditación te permite sacar a la luz los pensamientos más negativos, como las toxinas del acuario, y afrontarlos.

Práctica

Dirige tu atención a los pensamientos cuya intensidad quizá sea menor que la de los demás.

Cuando un cambio se produce con la suficiente lentitud, escapa a la consciencia, y la vigilancia queda adormecida. Por una vez, intenta poner los pensamientos ruidosos en un segundo plano para dejar en primer plano los más discretos, sin juzgarlos ni analizarlos. Como si fuera un ejercicio de musculación en el que tuvieras que trabajar ciertos músculos olvidados.

Permanece así, alerta, y practica tu atención para identificar lo antes posible cualquier cambio sutil en ti o a tu alrededor. Así podrás reaccionar con consciencia si ciertos cambios negativos o tóxicos ocurren lenta y subrepticiamente.

Tus próximas decisiones pueden verse favorecidas por esta nueva lucidez y esta calma.

EL LOBO N. M.

Animal salvaje parecido a un perro que a menudo tiene mala reputación. El hombre está tratando de reintroducirlo en la naturaleza porque su ausencia es perjudicial para el equilibrio y el desarrollo del ecosistema.

Algunas personas piensan que meditar permite dar preferencia a los pensamientos positivos y ahuyentar los negativos. Meditar, al contrario, permite tomar consciencia de lo que hay, positivo o negativo, sin juzgar. Como el lobo que reintroducimos en la naturaleza por buenas razones, a pesar del miedo que le tenemos.

Práctica

Al final de tu sesión de meditación, tómate unos segundos para conectar con lo que hay: agradable o desagradable, alegría o tristeza, frío o calor. Sin juzgar, sin huir, sin apegarte a lo positivo ni a lo negativo, sin añadir capas de narración innecesarias. Cuando dejamos que todo sea, constatamos que esa diversidad confirma que estamos muy vivos y con el tiempo aporta equilibrio y serenidad. Y observa tu tendencia a comparar (por ejemplo, tu estado de bienestar con el del principio de la sesión o de otra anterior). Deja que esos pensamientos pasen, como todos los demás: no son más que construcciones mentales.

Práctica

Si tu mente está dividida por distintas preocupaciones, toma consciencia de que ella es la líder del grupo: aleja con firmeza, pero con calma, tu atención de estas distracciones y devuélvela al momento presente.

La mente es una referencia estable capaz de aplicar una disciplina suave pero firme durante estas sesiones de práctica.

6

LA INTENCIÓN

Entonces, cuando meditamos,

¿no hacemos nada?

Pues en cierto modo, sí.

No hacemos nada, pero lo esperamos todo.

No hay que conseguir nada, no hay nada que lograr. Ponemos nuestra atención en las cosas, estamos dispuestos a verlas, a sentirlas, a abrirnos al mundo, sin un objetivo fijo, pero con la consciencia bien abierta.

Esa es la paradoja de la práctica de la meditación: no hacer «nada» y recibir muchísimo. Y para anclar esa práctica en nuestro día a día, la intención es fundamental porque es la que alimentará la suave disciplina que lleva a sentarnos todos los días o todas las semanas durante unos minutos para cuidarnos...

Observar lo que sucede en nuestro interior, tanto lo bueno como lo malo, el desbordamiento (muy habitual) de pensamientos, su rareza (menos habitual), y no juzgar.

Acoger con amor y sin juzgar todos esos pensamientos que nos socavan, esas emociones que a veces nos dominan, y calmarlas, con la respiración, con la consciencia de que están ahí.

Con intención y con atención.

EL CICLO DEL AGUA N. M.

Curso de agua en la tierra, en el aire y bajo la tierra.

Al igual que el ciclo del agua, nuestro estado mental cambia durante una sesión de meditación.

Práctica

Observa los movimientos de tu mente. Ten curiosidad por lo que ocurre. Los primeros minutos son como una cascada: los pensamientos fluyen con estruendo porque la fuente está ahí. Luego, de vez en cuando, de forma discontinua, se calman y de pronto se despiertan para que tu mente divague. Solemos pensar que el flujo de pensamientos fluye más regular, salvo cuando los obstáculos lo perturban. Después, la superficie del pensamiento permanece algo agitada, pero tranquila en el fondo. Al final vemos que la mente es muy amplia y lisa cuando la miramos como un todo. Incluso si ciertas corrientes agitan sus profundidades.

Práctica

Ahora, inspira y espira, y toma consciencia de la presencia de tu respiración. Es una presencia fiel y regular. Ese ciclo de respiración alterna dos movimientos aparentemente contradictorios que, sin embargo, se complementan. Como el ciclo de la noche y el día, del silencio y el sonido, del estar y el hacer, de la luna y el sol. Sin embargo, cada respiración es distinta: a veces es corta, profunda, ligera, suave, potente... Igual que cada sesión transcurre de manera diferente, aunque la guía sea la misma, y el resultado es un estado que siempre es único. ¡Es el milagro del momento presente!

EL VASO DE AGUA N. M.

Recipiente para líquidos que sirve para beber.

En la meditación no hay nada que conseguir, nada que lograr, solo hay que dejar que las cosas sean. Es como cuando queremos estabilizar el agua de un vaso. Cuanto más lo intentamos menos plano estará el líquido. Si lo dejamos y no hacemos nada, el agua se estabilizará sola.

PRÁCTICA

Observa tu tendencia a querer obligar a tu mente a estar en calma, a resistir posibles divagaciones, a querer domarla: es normal, pero no lo necesitas.

Acepta que por un tiempo no puedas calmar nada por ti mismo.

PRÁCTICA

Elige el momento adecuado para practicar. Igual que en el mundo de la vela, uno no aprende a navegar en un día de tormenta.

Coloca tu atención en tu respiración y, luego, déjala ir, suéltala. Observa, si eres lo suficientemente paciente, cómo tu mente gradualmente se va calmando.

LA PLANTA DE INTERIOR N. F.

Una planta que requiere de un cuidado constante y regular por parte de su dueño.

Meditar es una especie de higiene mental: la práctica tiene que ser regular, aunque a veces solo pueda ser breve, como cuando cuidamos de una planta en casa. Crear un hábito suele ser complicado.

Práctica

Antes de sentarte a meditar dedica unos instantes a pensar en la frecuencia de tu práctica. ¿Por qué a veces un día decides no meditar? ¿Es por falta de tiempo, de disponibilidad, de valor? ¿A veces quieres meditar de vez en cuando durante mucho tiempo para «ponerte al día»?

PRÁCTICA

Intenta meditar un poco todos los días, aunque solo sean 10 minutos, para sentir los efectos de la meditación. O practica breves meditaciones informales para estar presente en tu experiencia del momento (paseo, transporte, comida, ducha, etc.).

LA TORTUGA N. F.

Animal salvaje o doméstico que se caracteriza por su caparazón… y por su lentitud.

La meditación permite calmar la mente y hacer aflorar pensamientos e ideas cuya intensidad creadora resulta refrescante. Pero solo aparecen cuando se calman los otros pensamientos, más ruidosos. Es como cuando la tortuga saca la cabeza de su caparazón si todo está tranquilo.

Práctica

Ponte de pie con los pies ligeramente separados y los brazos relajados a lo largo del cuerpo. No hagas nada durante unos instantes. A continuación, levanta muy muy despacio el brazo derecho hasta que quede horizontal... Ahora, deja que baje más despacio todavía. Más despacio. Haz lo mismo con el brazo izquierdo. Presta atención a todo lo que surge dentro de ti con esa lentitud exagerada. Observa tus pensamientos, tus impulsos, tus tentaciones: desobedécelos para mantener el ritmo que has elegido. No tienes ninguna «obligación», ¡estás resistiendo!

Práctica

Tras varios minutos de consciencia plena, aprovecha la posible relajación mental para escuchar señales débiles. Piensa en un momento en el que fueras muy creativo. Las ideas o los gestos creativos te llegaban de manera relajada y natural, casi sin esfuerzo… Vuelve a conectar con tus sensaciones físicas de entonces. A continuación, imagina que vuelves a estar en la misma situación. Invita a tu estado creativo a que vuelva a aparecer para que puedas contemplarlo mejor, domarlo, sin juzgar y sin expectativas. Ten paciencia y repite este ejercicio con frecuencia.

LA ROSA N. F.

Flor cuyo tallo tiene espinas.

Cuando meditamos, a menudo estamos ansiosos por calmar nuestra mente, y la paradoja es que, cuanto más lo intentamos, menos lo conseguimos. De la misma manera que decimos que la rosa tiene espinas solo para quien quiere arrancarla, tomamos consciencia de la agitación de nuestra mente cuando queremos detenerla.

Práctica

Fíjate si a veces te impacientas o quieres relajar tu mente a toda costa y desconectar la agitación mental. Si tienes curiosidad por lo que está sucediendo, ¿qué constatas?

Observa tu tendencia a querer que el tiempo que dedicas a la práctica sea «rentable». Sin embargo, no hay nada que lograr, nada que conseguir.

Práctica

Tras unos minutos de consciencia plena, haz lo contrario: deja que tu mente haga lo que quiera, déjala pensar si quiere, deja de intentar controlarla o resistirte… ¿Qué constatas? ¿Tu mente sigue igual de agitada que cuando querías calmarla con demasiada fuerza al inicio de la sesión? A veces, cuando le dejamos más libertad, la mente parece de repente más disciplinada, incluso tímida.

LA FUENTE N. F.

Manantial de agua fresca que brota de la tierra y con la que podemos hidratarnos o refrescarnos.

DEFINICIÓN

En meditación, los ejercicios de gratitud nos permiten acoger y disfrutar de lo que debemos a los demás o a la naturaleza. Impregnarse físicamente de estos momentos positivos vividos permite cultivar emociones positivas y, por lo tanto, deja menos espacio para aquellas que son difíciles.

Práctica

Permanece de pie y realiza tres respiraciones profundas por la boca.

Luego, despliega la película de eventos agradables que puedas considerar como «regalos» del día y que te hayan hecho bien. Acoge con amabilidad el posible sentimiento de gratitud que surja. Felicita y agradece mentalmente todo lo que haya permitido que esos eventos existan: los seres queridos, la naturaleza, la vida, todos los seres humanos... Tú... Envía un poco de amor y gratitud a todos ellos. Siempre hay alguien que ha facilitado o ha contribuido a esos momentos felices.

Imagina que te salpicas de toda esa gratitud que te envías a ti mismo y que recibes (probablemente sin querer) de los seres humanos que te rodean; seguro que has contribuido a la alegría o al bienestar de alguien recientemente. Imagina que esas gotas de agua mojan primero tu cara, tu cabello y luego tu pecho. Te refrescan y te limpian de dudas, dificultades, ansiedades o restos de ego fuera de lugar. Es un sencillo ejercicio de psicología positiva que sirve para regenerarte.

LA CEBOLLA N. F.

Verdura con muchas capas que puede hacer llorar cuando se le retiran.

Estamos formados por capas y capas de personalidad superpuestas que contribuyen a que seamos como somos a día de hoy, igual que las capas de una cebolla. Si tomamos consciencia del nivel en el que estamos atascados, esa comprensión puede ayudarnos a disolver el bloqueo y a seguir pelando la cebolla.

Práctica

Imagina que eres una cebolla. Intenta percibir mediante tus sensaciones a qué corresponde cada capa de la cebolla. Hazlo sin apego y sin juzgarte. Quizá puedas soltar primero los pensamientos y patrones relacionados con tu aspecto. Luego, y si es tu caso, reconoce lo que está ligado en tu interior a la capa de juegos y roles, muchas veces controlado por el ego. Acepta la presencia de cada capa y sepárala, sin evaluarla ni compararla.

Sigue pelando la cebolla de tu YO, capa tras capa. Deja salir lo que está escondido, a veces son lágrimas y tristeza; otras, alegría. Hazlo siempre con curiosidad y con amor, en

un espacio no mental, de pura observación. Y a medida que profundices, si tienes la paciencia suficiente, puede que veas que lo has retirado todo y que no queda nada. Ahora, conecta con tu respiración y con tus sensaciones físicas. Según sean tus sensaciones cada vez más sutiles, explora las distintas capas de tu intención y responde en silencio:

¿Cuál es tu motivación para meditar? Deja que la respuesta te llegue sin forzar ni resistir.

¿Cuál es tu verdadera motivación para meditar? Deja que esta pregunta te llegue, desnúdate con infinita paciencia.

¿Cuál es tu verdadera-verdadera motivación para meditar?

7

LA APERTURA

Mucho más que una práctica que hacemos solos, para nosotros mismos y con nosotros mismos, lo increíble de la meditación es que nos abre a los demás y despliega nuestra consciencia hacia el mundo.

Cuando meditamos aprendemos a estar presentes en el aquí y ahora, a través de todas las fibras de nuestro cuerpo y de nuestra mente. El sonido de la lluvia por aquí..., el calor del sol sobre la piel por allá..., de nuevo el murmullo de una conversación, como el vals de una abeja que viene a hacernos cosquillas en los oídos.

Y lo que es más, la meditación permite crear espacio en medio de los pensamientos y las acciones automáticas para pensamientos más armoniosos, para sentimientos más dulces e, incluso, para gratitud para con los demás.

Así las cosas, cuando estamos más en paz con nosotros estamos más en paz con el mundo que nos rodea y somos más proclives a disfrutarlo con todo nuestro ser. ¿No te parece un magnífico regalo que nos hace la meditación? El regalo de aprender a ser mejores con nosotros mismos y con el mundo.

EL ESTANQUE N. M.

Lugar poblado por anfibios que logran respirar por la boca y por los poros de su piel.

Más allá de la concentración, la meditación también nos lleva a abrir la consciencia a todo nuestro entorno (ruidos, imágenes, olores, contactos, etc.) y a dejar abiertos todos los poros de la atención, como la rana en el estanque que respira por todos los poros de su piel.

Práctica

Dirige la atención a tu respiración, al contacto de tu cuerpo con la silla o con el suelo en el que te encuentras. Permanece ahí, tranquilo y sereno, evitando cualquier movimiento innecesario, y siempre alerta.

A continuación, abre tu consciencia a todo tu entorno (sonidos, imágenes, olores, contactos...).

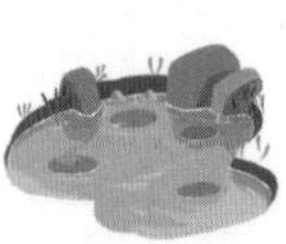

PRÁCTICA

Vuelve a dirigir la atención a tu respiración y, en particular, a la trayectoria del aire en tu cuerpo.

Para ir más lejos, imagina ahora que cada parte de tu cuerpo, cada centímetro cuadrado de tu piel, respira, como los anfibios alrededor del estanque y cuya respiración fluye principalmente por la piel.

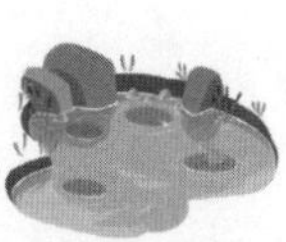

EL DIBUJO SOBRE EL AGUA

N. M.

Dibujo efímero sobre una superficie líquida.

DEFINICIÓN

Después de un poco de práctica de meditación constatamos que nuestra mente a veces puede estar tranquila y lisa. Nuestros pensamientos pueden desdibujarla por un tiempo y luego desaparecer lentamente como los dibujos que hacemos sobre la superficie del agua.

Práctica

Instálate por unos instantes en una postura cómoda y digna. Imagina que estás dibujando o escribiendo con los dedos sobre la superficie del agua tranquila y silenciosa de un lago quieto. ¿Qué ocurre? En el momento mismo puedes reconocer lo que has dibujado, pero rápidamente las olas llenan el área dibujada y no puede verse nada. Si esperas un poco, la superficie volverá a estar tan lisa como cuando empezaste, pero los dibujos y la escritura habrán desaparecido.

PRÁCTICA

Ten curiosidad por el funcionamiento de tu mente, al tiempo que diriges tu atención al ritmo regular de tu respiración. Observa, por ejemplo, que cuando tu mente está a veces así, tranquila y lisa, los pensamientos la desdibujan para después desaparecer lentamente, como los dibujos o las palabras que acabas de hacer en la superficie del agua. Si es un charco, las olas llegan rápido. Si es un lago, desaparecen más rápido. Observa tu tendencia a contemplar el nacimiento de las ondas en lugar de su desaparición. De hecho, sus dibujos son mucho más finos y sutiles.

EL GRANO DE SAL N. M.

Entidad diminuta que constituye la sal.

De la misma manera que el grano de sal se disuelve en el agua, la meditación nos lleva a convertirnos en una única entidad con la realidad que nos rodea. Nos permite abrirnos al mundo para percibirlo mejor. Si la realidad a la que nos abrimos es lo suficientemente amplia, no alteramos su sabor.

Práctica

Echa un vistazo a la realidad de tal manera que deje de existir un límite entre sujeto y objeto. Durante unos instantes eres tu respiración, eres UNA ÚNICA ENTIDAD con ella. Ahora, intenta ser tus sensaciones corporales...

Al final, tu atención ya no tiene ningún objeto en particular. Date permiso para ser, aquí y ahora, plenamente real.

Práctica

Dirige tu atención a la respiración, pero con cuidado de no quedarte en la idea, en la representación que tienes de tu respiración. Observa tu tendencia a pensar en lo que estás haciendo, en lugar de vivirlo plenamente en contacto directo con lo que es. De lo contrario, corres el riesgo de apegarte a la respiración, a las sensaciones físicas en tanto que pensamientos y no como experiencias, con la esperanza de evitar dejarte llevar por otros pensamientos o emociones. Beber agua salada no hará que tengas menos sed.

EL ÁRBOL CAÍDO N. M.

Planta grande derribada por un evento externo, como una tormenta, por ejemplo.

La práctica de la meditación nos enseña no solo a dejar de centrarnos únicamente en los pensamientos o los sentimientos dolorosos, sino a abrirnos a todos los pensamientos y a todos los sentimientos que nos atraviesan. Igual que la caída de un árbol no es la caída de todo un bosque, la meditación nos permite reconocer que el dolor no lo es todo.

Práctica

Instálate en tu respiración como si esta fuera una hamaca.

Si la incomodidad parece molestarte, presta una mirada curiosa a todo ello.

Considera el lugar que ocupa en tu mente el dolor que sientes en el cuerpo: mientras ciertas áreas del cuerpo están cómodas o neutras, observa cómo tu atención es atraída espontáneamente hacia el dolor o la incomodidad.

A continuación, presta atención a tu tendencia a añadir historias y sufrimiento a esa inco-

modidad. Meditar puede ayudar a ampliar, a abrir la consciencia para tener en cuenta el dolor, del que no se trata de huir, y también todo el resto de sentimientos, pensamientos o emociones.

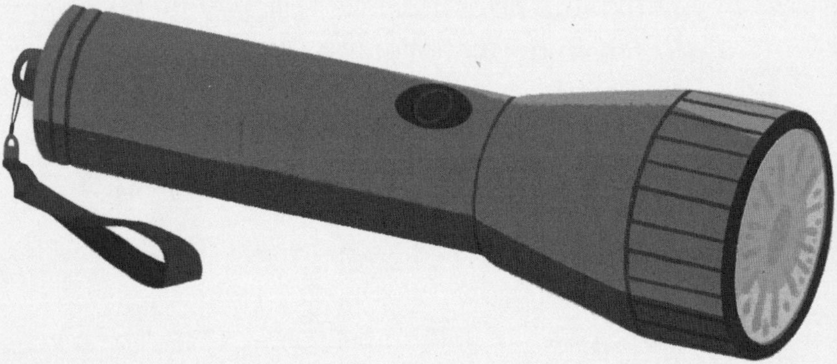

LA LINTERNA N. F.

Fuente de luz.

Cuando trabajamos la atención, la meditación nos permite conocernos mejor, poner de manifiesto nuestro yo interior, como si encendiéramos una luz en nuestro interior.

PRÁCTICA

Imagina que tu atención es como una linterna. La luz de la linterna va a ser tu guía para iluminar diferentes partes de tu cuerpo y de tu mente.

Comienza primero a iluminar el trayecto que realiza el aire cuando entra en tu cuerpo, llega a cada parte de tu cuerpo y luego sale por donde ha venido.

A continuación, utiliza esta luz para iluminar cada parte de tu cuerpo y para detectar las sensaciones físicas (o la ausencia de ellas). Puedes seguir un orden, por ejemplo, comenzando por la cabeza y finalizando en la punta de los pies.

Por último, vas a utilizar la luz de la linterna para poner el foco en tus pensamientos y emociones. ¿Son agradables, desagradables, neutros?

Imagina que la energía de esa luz procede de tu sonrisa relajada y del latido de tu corazón. Imagina que al brillar así, esa linterna también disipa algunas zonas ligeramente más oscuras impregnándolas de amor y comprensión.

EL AMANECER N. M.

Momento del día en que el sol vuelve a aparecer.

Igual que el sol naciente primero ilumina la copa del árbol más alto que conoce bien, luego todo el árbol, después la arboleda y finalmente todo el bosque, meditar permite enviarnos a cada uno nuestra atención, pero también un poco de amor y de compasión.

Práctica

Instálate cómodamente en tu postura de meditación, cierra los ojos. Dirige tu atención sucesivamente hacia cuatro personas: tú, una persona querida, una persona neutra y una persona hostil. Para cada una de ellas, y si te sientes cómodo con ello, pronuncia interiormente las siguientes frases tres veces con sinceridad, imaginando que actuarán como los rayos del sol:

1. Que estés seguro y protegido.
2. Que estés bien de salud física y mental.
3. Que seas feliz.
4. Que vivas una vida feliz y en paz.

Ahora, igual que el sol cuando ilumina con sus rayos, permite que tu compasión brille sucesivamente sobre esas personas. Observa que son «igual que tú», con sufrimientos de los que quieren liberarse, anhelos y ganas de ser felices. Acaba con las palabras «igual que yo» antes de pasar a la siguiente persona.

LA OLLA N. F.

Utensilio de diferentes tamaños que se usa para cocinar. A veces, la comida puede quedar adherida en el fondo.

La meditación ayuda a soltar y a dejar espacio para la alegría y el aprecio, pero debes tener cuidado de no apegarte demasiado a ellos. Cocinar en una olla para preparar una buena comida es bastante similar: tendremos que vigilar constantemente un risotto para evitar que se quede adherido al fondo de la olla, mientras que un guiso requerirá algo menos de atención.

PRÁCTICA

Observa, tras varias respiraciones, tu tendencia al meditar de querer desapegarte de tus incomodidades, de tus sufrimientos e incluso de tu ego. Sin embargo, a veces resulta muy difícil no hacerlo y tu práctica puede verse perturbada por esa fuerte expectativa. En lugar de eso, practica para no apegarte a ello en cuanto lo experimentes, gracias a una vigilancia constante.

PRÁCTICA

Cuando sea el momento adecuado, practica también para apreciar los placeres, las alegrías, las cosas buenas de la vida, pero sin apegarte tampoco a ello. Observa tu tendencia a acumular, a crear nuevas necesidades, a exigir siempre un poquito más. No te culpes por ser así, es normal. Saboréalo suavemente, pero libérate, despójate de esa adicción que algún día podría jugarte una mala pasada.

¡Gracias por leer este libro!

Si aún no lo has hecho, te invito a comenzar la práctica de la meditación para que experimentes todo lo que puede cambiar en ti... y para ti.

www.petitbambou.com

Índice de contenidos